LOS SECRETOS DEL MARKETING EN REDES SOCIALES 2020

DESCUBRE CÓMO CONSTRUIR UNA MARCA, CONVERTIRTE EN UN EXPERTO INFLUENCER, Y HACER CRECER RÁPIDAMENTE TU NEGOCIO A TRAVÉS DE SEGUIDORES DE FACEBOOK, TWITTER, YOUTUBE E INSTAGRAM

PABLO AVITIA

ÍNDICE

Introducción   v

1. ¿Qué es un Social Media?   1
2. Estrategias Básicas para tener en cuenta   13
3. Prácticas fundamentales para el éxito   21
4. Social Media y Comunicación   39
5. Consejos especiales para Social Media   45

Conclusión   61

INTRODUCCIÓN

Hacer Social Media es un término que ha cobrado relevancia en los últimos tiempos. Es el uso correcto de las redes sociales, aunque cuidado, Social Media Manager no es lo mismo que Community Manager y es de los primeros puntos que se aclaran iniciando este trabajo.

El concepto de usar redes sociales no es solamente regalar likes a las publicaciones e imágenes de los amigos y las celebridades; para quienes estamos en los emprendimientos y negocios, es conseguir desarrollar comunidades de éxito que sirvan para las nuevas generaciones y para lograr conversiones.

Esto de Social Media se toma como que es algo novedoso que nació con la viralización de las redes sociales, pero no es así. Desde los orígenes de la civilización la manera de lograr ser exitoso en los negocios era contando con una comunidad de contactos, eso mismo sucede hoy, claro adaptado a las tecnologías actuales.

Gracias a las redes sociales estamos regresando a los inicios, donde la confianza se gana gracias a la interacción humana y no a las relaciones impersonales.

El Social Media es una comunicación más personal, cercana con los clientes que se conecten a los sitios, estos buscan hablar, conectar con las marcas y las redes sociales permiten que se logre una respuesta inmediata.

Gracias a las comunidades, las empresas o marcas pueden estrechar relaciones con los interesados, se desarrollan enlaces entre los dos. Un cliente que se siente atendido rápidamente retorna el afecto a favor.

Administrar redes sociales no es administrar comunidades, solo es un canal donde se comunica y se le pide al encargado que publique contenido.

Las redes sociales son un gran entorno digital que ayuda a que se construya una imagen institucional y de autoridad en la mente de los clientes. Un buen

Social Media consigue que se logre mostrar autenticidad y preocupación por los deseos y necesidades.

Una vez que se gana la confianza los consumidores perciben que la marca tiene autoridad y ven los servicios que ofrecen.

Construir una comunidad de marca independientemente del emprendimiento que sea, es un gran beneficio, porque de esta manera construye relaciones y fortalece los vínculos emocionales de los consumidores, para lograr lealtad a los productos o servicios de que ofrece.

En este trabajo vamos a abordar en detalle lo que es el Social Media y la importancia que tiene este en los emprendimiento hoy en día y la manera en la que se puede aprovechar el uso de las redes sociales.

El Social Media es sumamente importante en todo lo que tiene que ver con el marketing digital, si se tiene un emprendimiento o se quiere hacer comercio electrónico en algún rubro, el contar con uno de estos profesionales aumenta las probabilidades de lograr los objetivos.

Por eso es que se describe en detalle todo lo que es un Social Media para que se considere su inclusión en el proyecto que se esté desarrollando. Un Social

Media es un estratega, se puede considerar un Seo en el campo del marketing, porque su trabajo no es solo publicar contenido bonito, su trabajo es lograr generar tráfico y causar una sensación en la audiencia.

Por eso lo describimos en detalle a continuación.

¿QUÉ ES UN SOCIAL MEDIA?

Comencemos por partes: qué es un Social Media, este es el profesional en el área del marketing en línea que tiene como tarea planificar y preparar las estrategias de una marca o empresa en los espectros de medios sociales, esto posteriormente es una tarea que llevará a cabo el Community Manager.

La figura de un Social Media, aparece por la innovadora importancia de las redes y plataformas digitales y hacen parte de la publicidad y el marketing. Estos profesionales requieren de una especialización cada vez más acentuada.

Social Media no es Community Manager Diferencias

¿No es lo mismo un Social Media y un Community Manager? No, no lo son. Este es un error común que cometen muchas personas, no saben diferenciar estos puestos y aunque se ven muy parecidos no lo son, necesitan trabajar en equipo, pero se diferencian en que el Social Media es quien diseña las estrategias y el contenido y el Community quien las publica y ejecuta.

Para dejarlo aún más claro. Vamos a ver las funciones de cada uno, así no habrá lugar a dudas y se sabrá de qué se habla cuando se describe cada profesional.

Funciones del Community Manager

Tenemos primero al Community Manager, quien se encarga de crear las páginas en las plataformas de Social Media que se han elegido en la estrategia previa.

Se tiene que encargar de monitorear las interacciones de los seguidores y escuchar a los usuarios respondiendo sus inquietudes y todas las consultas que realicen. Esta persona tiene un espacio de comunicación, colaboración y participación con el usuario.

Estas son otras de sus funciones:

- Redactar contenido.
- Hacerle frente a situaciones donde se pone en juego la reputación.
- Elaborar informes.
- Identificar, reforzar y cultivar las relaciones con los que influencian la marca.

Funciones del Social Media

El Social Media es el que se encarga de crear un plan estratégico para la marca, antes de hacerlo requiere que haga un estudio de mercado y buscar que cada movimiento sea en función de un objetivo. El Social Media también hace estas tareas:

- Analizar qué tan eficiente es el plan estratégico.
- Crear estrategias eficaces para el contenido.
- Coordinar las estrategias.
- Segmentar al público.
- Hacer la segmentación para el marketing persona.
- Tomar decisiones.
- Administrar presupuestos.

- Seleccionar las herramientas que se usarán para llevar a cabo las tareas.

Objetivos de las prácticas Social Media

Cuando se ha decidido empezar a trabajar en las redes sociales es importante que se tenga una finalidad para lo que se emprende y que cada movimiento vaya encaminado a un objetivo concreto y correcto.

Todas las estrategias de marketing por internet parten de saber la razón para hacer el trabajo que se hace, puede ser darle posicionamiento a una marca, mejorar la reputación, aumentar las ventas, etc.

Entrar al mundo del Social Media no es solo el darle contenido al Community y ya, es lograr diseñar estrategias para conseguir seguidores, fans, tener contenido de altísimo valor que logren resultados beneficiosos en la red.

Para lograrlo hay que saber cómo plantear los objetivos para el Social Media:

Fortalecer la marca

Actualmente se tiene en mayor o menor medida la

presencia en la red, es algo que contribuye directamente a desarrollar la marca personal o profesional.

Muchas de las interacciones que suceden en la red se dan de manera online, la manera en la que estas se usen influyen mucho en la marca personal.

Aquí de lo que se trata es de la manera en la que se pueden usar las redes para que la marca logre beneficiarse. Todos tienen una marca personal, pero no conocen siquiera lo que significa.

Marca personal es el concepto por medio del cual se proyecta a los demás su imagen, las capacidades y la personalidad, además de otros aspectos. Una marca permite crear y formar una percepción en otras personas, puede modificarse y sirve para poderse distinguir, lograr que la vean más, una mejor reputación, entre otras cosas.

Dicho todo esto, se tiene que tener en cuenta que todos cuentan con una marca, se quiera o no, aunque en ocasiones no se sea consciente de que se tiene marca.

Una cosa es tener la marca y otra saberla usar, por eso es que el Social Media trabaja en tomar las riendas de la marca personal y sacarle fruto.

Para lograr una marca sólida, se debe tener la fijación en unos objetivos para darle camino a la estrategia que se prepare y luego por supuesto a las acciones que logren lo planeado.

La marca es primordial para conseguir que se alcance el éxito. De todos los objetivos que se emprendan se tiene que marcar el que llevará a impulsar la marca hasta lograr el perfil que se desea con los objetivos planteados y con todas las estrategias anheladas.

Las redes sociales con una estrategia adecuada logran buenos resultados. Hay que tener en cuenta que cualquiera de la gran cantidad de redes sociales con las que se cuenta puede ser de utilidad, pero hay variables de acuerdo a la visibilidad, la exposición, el tipo de negocio y los objetivos, que hacen que una red social pueda ser más efectiva que otra.

Hay que dejar de pensar que por estar en cuanta red social haya ya el trabajo se está haciendo bien, la marca se basa en lograr contenido de calidad y preciso, no hacer mucho ruido y pocas nueces.

LinkedIn

Es la que tiene más relevancia para lograr fortalecer la marca en el mercado profesional, es la red por excelencia, no sirve únicamente para tener una hoja de vida 2.0, sino que logra posicionar temáticas y diferencias de los demás por los logros, experiencias y habilidades.

Con el paso del tiempo ha cobrado más fuerza, ahora es una herramienta donde muchos se fijan para conocer a profesionales, además la plataforma se ha actualizado y brinda una serie de herramientas útiles para cada usuario.

Facebook

Con esta red social se puede lograr una buena visibilidad y un buen engagement para la marca.

Sea que se use una página personal, aunque lo recomendable es utilizar una fanpage, que es la que puede enlazarse con el Instagram y además es la idónea para campañas y diversos proyectos.

Esta es la red social con más seguidores en el mundo, es un mercado rico en oportunidades, además, se ha adaptado para crear campañas interesantes que dejan buenos resultados.

Twitter

Es una red social perfecta para ciertos tipos de profesionales y para prácticamente todas las marcas, es una red que se ha convertido en una herramienta esencial para escuchar lo que dicen los usuarios de la marca.

Twitter es una herramienta estupenda para destacar la marca que está relacionada con intereses concretos, se pueden utilizar los hashtags para diversas estrategias de marketing.

Instagram

Con la red Instagram se puede ser creativo y tener capacidad para mostrar imágenes que puedan llegar a muchísimos usuarios y causar un impacto en particular en ellos.

Cada día crecen los seguidores en esta red social y cuenta con muchos elementos para llegar al público objetivo, se pueden usar historias, videos largos por medio de IGTV, transmisión en vivo, y otra serie de elementos.

Obtener más visibilidad en línea

Internet va avanzando a gran velocidad y con la inmensa cantidad de herramientas, un Social Media tiene que tener preparación constante para identificar aquellas novedades que aplican para el proyecto que tiene en ejecución.

La mejor manera de mantener un contacto constante con lo que aparece sería que se facilitara un resumen de lo más relevante pero esto no existe, pero lo que si hay son otras estrategias efectivas que ayudan a conseguir más visibilidad en línea por medio de estrategias.

Trabajar la presencia online con naturalidad

Basta de seguir atajos o trucos para lograr el éxito con el menor trabajo posible, así no es como se trabaja, gracias a la inteligencia artificial Google tiene cada día una mayor inteligencia, llegando a niveles sencillamente sorprendentes.

Ahora mismo hay acciones que funcionan, pero el día de mañana pueden dejar de hacerlo.

La importancia de usar la publicidad

Además de generar contenido de valor en las redes sociales, se tiene que contar con la estrategia de construir comunidad. Para estos casos la publicidad es una de las grandes aliadas, junto a esto se puede segmentar al nicho al que se quiere llegar, esto termina siendo algo muy rentable.

Se cauteloso con el uso de redes sociales

El ser cauteloso con las redes sociales se refiere a

utilizar solo aquellas que se puedan mantener. No por estar en todas las redes sociales se está logrando el éxito, esto puede ser algo que juegue en contra si no se atienden las redes como merecen.

Claro, el deseo es poder tener presencia en todas las redes, pero en muchos casos esto no es posible, entonces lo mejor es estar en las justas pero hacer un trabajo de calidad con estrategias que logren verdadera visibilidad.

Las redes sociales se tienen que mantener actualizadas y en movimiento constante. Asimismo no se pueden olvidar los sitios web y todas las herramientas de comunicación con que se cuente.

EL objetivo es sacar el mayor provecho posible de la capacidad para comunicarse y crear canales entre el usuario y la marca.

Finalmente una recomendación a tener en cuenta es el email marketing, como Social Media se pueden diseñar estrategias de Email Marketing para complementar las estrategias que ya se estén haciendo en las redes sociales.

Aunque no se crea una red social puede tener un lapso de vida útil, si esta quema su etapa y toda la estrategia depende de dicha red, podría afectar drásticamente, pero si se cuenta con una buena base de datos, se puede seguir llegando a la audiencia por medio del email marketing.

Conectar con la audiencia

Esta es la gran inquietud cuando sale una marca y un Social Media quiere darla a conocer. ¿Cómo conectar realmente con la audiencia?

Para responderlo está la tarea de analizar cada una de las redes sociales para desarrollar el lenguaje que se va a utilizar y los contenidos que más demandas tienen, las frecuencias con las que publican, entre otros factores.

Poder desarrollar unas buenas estrategias de marketing requiere de una dedicación entregada y mucha especialización. Un Social Media requiere personas que analicen a la audiencia, lograr contactos, diseñar contenidos que sean de valor y sabe cuál es el mejor momento para publicar y alcanzar más visibilidad.

Más allá de lograr visibilidad, hay que captar a la audiencia por medio de contenidos que sean de mucho valor, además se debe tener a la persona ideal para que responda a las inquietudes posterior a la publicación.

Hay que satisfacer las necesidades y mostrar una imagen profesional, ayudando a generar confianza para lograr posicionamiento por encima de otros del mismo ramo.

Es la única manera para lograr que se aumenten los seguidores y las estrategias empiecen a dar resultados.

2

ESTRATEGIAS BÁSICAS PARA TENER EN CUENTA

*L*as metas sociales deben resolver desafíos

Las redes sociales no son iguales entre ellas, esto es importante saberlo para poder hacer metas que resuelvan desafíos. Hay que diseñar estrategias de acuerdo a la red social con la que se trabaje.

Un ejemplo: con Facebook se ha hecho necesario diseñar campañas de publicidad para lograr más visibilidad; con Twitter se tiene un foro profesional para debatir temas interesantes y relacionados a la marca.

Las redes sociales son canales que ayudan a conectar con la audiencia, pero hacerlo efectivamente exige que se hagan estrategias entretenidas, historias y temas que tengan sustancia, que capten, que no sean más de lo mismo.

Gracias a la gran variedad de redes se puede explotar mejor una historia para contar. Cuando se tienen varios perfiles de una marca, se puede contar una historia en Facebook, y desarrollar la misma historia pero adaptada a Twitter y sus pocos caracteres. Pero mejor aún, se puede hacer una transmisión por periscope de un evento en vivo, un Facebook Live, historias de Instagram, Messenger de Facebook, son tantas las opciones, solo requiere de creatividad para lograr una presencia importante en las redes sociales.

Las novedades constantes y los cambios en el algoritmo de redes como Facebook o Instagram pueden terminar siendo un calvario para las organizaciones que aparecen en las redes. Hay que mantener a la comunidad con publicaciones creativas y constantes, si se deja de hacer le sale caro a la posición de la marca.

Otro de los grandes dilemas que ha tomado a los empresarios y emprendedores de los últimos tiempos es el estar conectado las 24 horas del día, los siete días de la semana, es lo que todos ven como lógico, claro, un comentario puede llegar en cualquier momento, hay que contestarlo.

¡Error!

Estar el día entero en las redes no es ser efectivo, por ello cuando se hace el cronograma lo mejor es establecer un horario para que el Community haga las publicaciones y atienda a la audiencia.

Las redes sociales deben agregar agregan valor

Las redes sociales son un pilar del Social Media para hacer cualquier estrategia de marketing. Más allá de la presencia de la marca que se crea, las redes sociales ayudan a captar clientes y aumentar los seguidores.

Las redes sociales son un complemento para captar clientes, porque aquí se crean estrategias donde se llega al usuario de una manera cercana y directa y se puede interactuar con ellos.

Contenido atractivo

En muchos sitios en internet dicen tips para crear contenido de valor, dan muchas estrategias y aunque todos varían con unas y otras formas de hacerlo, terminan coincidiendo en algo que es totalmente cierto: el contenido es el rey.

El mismo es elemental para las empresas o las marcas, este tiene que tener concordancia con el mensaje que se tiene que dar, pero hay algo que es importante, debe ser armonioso para que los interesados se fijen y se queden leyéndolo hasta el final.

El tiempo de lectura en las redes sociales es rápido, es decir la persona escanea y detiene el ojo en aquello que realmente le interesa, y es mucho lo que ignora.

El usuario se detiene en la imagen que le atrapa, el título que llama su atención, es una publicación que lo invita a dar clic de inmediato, un buen Social Media, consigue generar contenido que atrapa el interés en redes.

Se puede llamar totalmente la atención con títulos innovadores, la manera de lograr esto es logrando un título con algo de picante hay que imaginar qué es lo que puede atrapar a un usuario, algo que le cause impacto. Un truco puede ser el redactar con el método de la pirámide invertida, es decir mostrando lo más sustancioso al inicio y que se respondan las 5 preguntas esenciales del periodismo: Qué, cómo, cuándo, dónde y por qué.

Luego se va desarrollando hacia lo menos relevante.

La información realmente vital se debe leer en los primeros dos párrafos y ya luego se va desarrollando el resto del contenido.

Si se va a hacer contenido para un blog se debe considerar colocar un sumario que es un pequeño resumen de lo que se espera en la nota.

Todas las personas quieren datos, estadísticas y números, nada es mejor que poner en una nota links o información para conectar con redes sociales o contactos que al usuario le pueda interesar.

El contenido de valor tiene que ser original, nada de copiarse de las estrategias de la competencia, el generar contenido similar hará que el usuario se consiga con contenido duplicado, pero si haces que sea realmente verdadero, el usuario vivirá una experiencia inolvidable, hay que crear textos que en ningún otro lado existan, diferentes, con una personalidad de acuerdo a la marca.

Algo que es rico en estos nuevos modos de escribir en los medios es que se puede jugar con los géneros literarios, pero lo mejor de todo es que no hay necesidad de casarse con un solo género, en un escrito se puede jugar con frases, leyendas, historias, crónicas, entrevistas y todo lo que pueda enriquecer ese contenido para sacarlo de la normalidad.

Sucede lo mismo con las redes sociales, para hacer que una publicación resalte por sobre las demás, entonces se debe colocar un testimonio, un juego, una adivinanza, un acertijo, lo que sea, la idea es que se juegue con la audiencia y se interesen por la comunicación que se les quiera mostrar. Es la mejor manera para fidelizarlos.

Oportunidades de negocio a través de redes sociales

Se han hecho estudios donde se ha comprobado que el 17% de los internautas han usado las redes sociales para conseguir un servicio determinado. Pero la pregunta es saber cuántos hablan sobre temas que se relacionan con productos o marcas, las personas invierten bastante tiempo en las redes sociales, según estudios pasan por lo menos 70 minutos al día en las redes sociales cada día, este es el tiempo que las empresas tienen que aprovechar para mostrarles sus servicios y productos.

Participar en lugar de ignorar

Las redes sociales han transformado el modo de comunicar en las empresas y se ha establecido una cercanía con el usuario.

Muchas empresas usan las redes sociales como herramienta para llegar a sus clientes, la idea de las redes es llegar a ellos y generar nuevos usuarios.

Cualquier empresa que incursione en las redes, tiene que conocer la importancia de interactuar con los clientes a través del Social Media.

En este momento, internet es el protagonista del mundo tecnológico, con él han ido tomando la misma importancia las redes sociales, estas cuentan con más de 900 millones de usuarios en todo el mundo y es un número que aumenta día a tras día.

Por dar un ejemplo, en España el 75% de las personas con acceso a internet tienen redes sociales y acceden a ellas con frecuencia. Dice que tres de cada cuatro usuarios se conectan a las redes.

La empresa tiene que tener en cuenta que las redes sociales como Twitter, Facebook, Linkedln influyen en muchísimas personas, es algo que no puede ignorarse y hay que tomarlo en cuenta para no quedarse atrás, ya que sus clientes actuales y los que vengan hacen uso de las redes.

No es solo estar presente con un sitio web, sino participar en las redes sociales, actualmente es ya imposible ver la vida sin la presencia de ellas. Esto se ha convertido en un verdadero flujo de información para las empresas.

Ahí los usuarios comentan las experiencias que han vivido con varios productos. Se pueden conocer las necesidades y los gustos de cada uno de ellos.

Esto también permite que se pueda evaluar toda la información que se está manejando en las redes sociales. Y saber si hay errores para corregirlos y adaptarse a lo que se está demandando, es decir esta es una información que vale oro. Los clientes son el centro de atención de la organización.

Todo emprendedor, empresa o persona que ofrezca algo y espere una receptividad de un usuario, tiene que saber que este es el centro de atención, todas las acciones que se lleven a cabo tienen que encaminarse a satisfacer la necesidad de ellos, ya que se tiene que tener presente que el cliente ha desarrollado más poder, incluso con las marcas.

Cuando se tiene esto en cuenta, lo clave es lograr que se tenga la satisfacción del cliente, la manera de hacer esto es logrando una verdadera relación entre la empresa y el cliente.

3

PRÁCTICAS FUNDAMENTALES PARA EL ÉXITO

*M*edir y Analizar tus estrategias en Social Media (métricas)

Un buen marketing es el resultado de un trabajo óptimo en la medición de datos, es analizar la manera de tomar decisiones inteligentes y lograr estrategias idóneas para alcanzar las metas.

El objetivo de medir las métricas en redes sociales no es solo justificar las estrategias que se hacen, sino hacer mejoras constantemente, es por eso que te contaremos las métricas en redes sociales para tenerlas en cuenta si se quiere comer el mundo de internet y lograr que el marketing funcione a la perfección.

Seguramente se puede pensar que es más importante

la calidad de los seguidores y su nivel de engagement que la cantidad, y en parte se tiene razón, es mejor contar con fans fidelizados que tener muchos que no te hagan ni caso.

Vamos a poner un ejemplo: se quieren conseguir más conocedores de una marca, hay pocos fans fidelizados, si la estrategia empleada no hace que estos fans crezcan entonces no se está logrando hacer una buena red de contactos.

Hay que revisar que la red funcione para saber enfocar la estrategia en el Social Media.

Hay que ponerse imaginativo, por ejemplo se gestiona por diez meses una fanpage de Facebook, un canal de YouTube y una cuenta en Instagram, pero al revisar se ve que hay 4000 nuevos seguidores en el fanpage pero en las demás redes no hay más que 400 seguidores.

Esto permite conocer que la estrategia de fanpage si funciona, pero que en cambio se tiene que replantear la estrategia en las otras redes. Hay que retribuir el trabajo invertido en los canales, a lo mejor es más importante invertir más esfuerzo en el fanpage para garantizar el crecimiento de la comunidad en el canal.

El alcance

Medir el alcance que ha tenido una publicación, permite saber cuántas personas han sido alcanzadas con la estrategia.

Es importante conocer el alcance que no se calcula solo con el número de seguidores que han visto la publicación, se tiene que medir con la audiencia de la audiencia, esto significa por los seguidores de los seguidores o los contactos de los contactos.

El alcance no solo permite medir el número de los usuarios que han visto la publicación, sino que además permite saber si los seguidores también la han visto.

El engagement es muy importante medirlo, esto da una idea del nivel de influencia que se está teniendo por sobre las personas de la comunidad a la que se llega.

La interacción que tengan los seguidores con lo que se publica es una muestra del valor que le están dando a la misma. Si se comparte mucho, se sabrá que están interesados en el contenido y que confían en él.

El nivel de engagement permite conocer la manera

en la que se involucra la comunidad y cómo reacciona ante las acciones y contenidos.

Las menciones en redes sociales

La cantidad de menciones que hagan los usuarios en las redes sociales es una manera buena de medir la popularidad de la marca. Esto permite saber quién habla de la marca y qué es lo que dicen exactamente.

Hacerle seguimiento a las menciones de los usuarios aportará información muy valiosa:

- El nivel de compromiso de los usuarios con el contenido que se publica.
- Saber si los usuarios consideran a la marca o persona una referencia a seguir.
- Saber el momento ideal para compartir el contenido en las redes sociales.
- Si los seguidores le ha gustado un contenido en específico.
- Si los seguidores les gusta determinado producto o servicio.

Conversiones

La concersión es uno de los pasos más ansiados. Ninguna estrategia es total si no se mide el número de conversiones, es decir los clientes que han comprado.

La mayoría de las acciones deberían centrarse en cautivar a los seguidores de la marca y llevarlos por medio del funnel de ventas para que terminen siendo conversiones.

Conseguir que los usuarios tengan confianza en la marca y se conviertan en clientes de ella es de las grandes metas que se quieren lograr.

Utilizar Plugins para sacar el máximo provecho

Las redes sociales han cobrado una gran popularidad en los dueños de sitios webs y especialmente de Google, gracias a las muchas extensiones y funciones que están a la mano para mejorar la experiencia y el contenido.

Esto se llaman los "botones sociales", permiten redes sociales como Facebook, Instagram o Twitter, Se pueden integrar botones en los sitios webs, para que los visitantes puedan compartir el contenido dentro de las redes. De cara al SEO esto es importante de acuerdo a la captación de tráfico social.

Primero aparece la vista del artículo, luego la información de este y al final aparece el botón de cada red social. Para esto se usan plugins.

Hay que aprender a usar los plugins porque el abusar de ellos puede terminar poniendo lento el sitio web y perjudicando la experiencia del usuario.

Aunque hay pluggins que te recomendaremos para que se utilicen en WordPress con los cuales se puede compartir el contenido en las redes sociales como Facebook y Twitter.

Estos complementos generarán botones sociales para que los usuarios puedan compartir fácilmente el contenido con los amigos en sus redes personales.

ShareThis

Este es uno de los plugins más populares, se encuentran presentes en más de un millón de sitios. Tiene una alta personalización y ofrece para que se pueda compartir directamente en Facebook.

Sharebar

Este es un plugin que permite contar con una barra flotable que tiene botones sociales para compartir los artículos. Es fácil de personalizar y además permite tener orden y las redes sociales que va a usar.

Sociable

Este es otro de los botones que es muy bueno y que también es gratuito. Tiene buenos diseños y un contador para poder conocer cuántas veces se ha compartido el artículo en una determinada red social.

Crear y Administrar un Calendario realmente útil y efectivo

Contar con un calendario es realmente útil y efectivo, se tiene un cronograma de los momentos en los que se van a hacer publicaciones y se evitan los momentos en blanco donde no se sabe qué publicar.

Tener un calendario editorial para redes sociales permite hacer un trabajo con planificación y bien elaborado.

En las redes sociales puede publicar cualquier persona, pero bien lo pueden hacer solo los que lo hacen con un plan y quienes piensan en detalle la estrategia que quieren implementar.

Antes de comenzar a publicar se tiene que hacer una fase de análisis previa. Esta fase es clave para que luego las empresas no anden frustradas porque no lograron los objetivos.

Para saber cómo hacerlo, toca conocer los lineamientos paso a paso, hacer un calendario editorial para publicar en redes; un calendario editorial es básicamente un calendario de publicaciones en redes sociales. Esto quiere decir un documento en formato de plantilla que permitirá:

- Saber qué publicar en redes sociales.
- Cuándo hay que hacerlo.
- En cuál red social.

Esto quiere decir, que el calendario editorial para las redes sociales es como un mapa de ruta para saber en qué momento se tienen que hacer las publicaciones y qué tipo de fechas se tienen que tener en cuenta para las acciones más concretas.

El calendario de las redes sociales es el santo grial del Social Media, este tiene que estar asociado con los objetivos de marketing de la empresa.

Por esto es que la planificación debe ser imprescindible dentro de la profesión. Ahora se tiene que saber cómo hacer un calendario editorial para redes sociales paso a paso.

Cómo hacer un calendario editorial para redes sociales

Un error común que cometen muchas personas a la hora de hacer un calendario de redes sociales es que publican por publicar.

O sea, saben que tienen que publicar una cantidad determinada de veces entonces publican algo para llenar el espacio o esperan a que les llegue la inspiración publican y ya.

¡Craso error!

El calendario editorial exige un análisis previo para que tenga éxito. Este análisis exige:

Auditoria de redes sociales

Cuando se va a hacer cualquier tipo de calendario el primer paso es hacer una auditoria de redes sociales. Hay que analizar el proyecto propio y el de la competencia para poder conseguir datos interesantes como:

- Cuál es el mejor tipo de contenido que funciona.
- Cuáles son las mejores horas para publicar.
- Con qué frecuencia hacerlo.

Al momento de hacer un calendario editorial por, ejemplo para una red social como Instagram, se puede usar Metricool, esta herramienta permite saber cuáles son las mejores publicaciones en Instagram de la competencia. Información muy valiosa.

¿Quién va a ver lo que se publique?

Hay que saber para quién se va a publicar. Conocer el tipo de personas a la que se va a dirigir, esto determinará el tipo y tono en las publicaciones.

También se sabrán los elementos, como emoticones y hasgtags. Es saber tener claridad en la publicación que se va a hacer.

Si no se tiene claridad se debe estudiar la analítica de las redes sociales. Por ejemplo en el caso de Facebook si se va a una fanpage y se selecciona la estadística y personas se podrán conocer a los fans.

Definir el objetivo de las publicaciones

Ahora se deberían tener claras las metas de las publicaciones. Algunos objetivos pueden ser:

- Generar tráfico Web.
- Lograr leads.
- Aumentar las ventas.
- Branding.
- Engagement.

No se puede olvidar que las fechas especiales son momentos ideales para lograr más conversiones. No se deben olvidar, toca incluirlas en el calendario editorial de redes sociales.

Por ejemplo, en las fechas navideñas, lo normal es que las marcas ofrezcan ofertas relacionadas con la época.

Analizar los tipos de publicaciones para redes sociales

El otro paso es que se marquen las fechas más importantes a nivel global y a nivel del sector, por ejemplo, estos son los días a considerar en tu calendario:

- Reyes.
- Año nuevo.
- Rebajas
- Carnavales
- San Valentín.
- Día de la madre
- Día del padre.
- Día de la mujer.
- Día del niño.
- Navidad.
- Etc.

Tipo de formato

Algo muy importante es elegir el tipo de formato a la hora de hacer un calendario de publicaciones. ¿Qué se va a publicar? Hay que saberlo, no es publicar por publicar, cada publicación tiene que tener un objetivo, un por qué, eso garantiza que cada uno de los contenidos genere una sensación. Cuando se publica por publicar el usuario lo nota y se aburre. Dentro de las opciones de publicación están:

- Infografía
- GIF
- Vídeo
- Vídeo en directo
- Texto
- Encuestas
- Imagen

Qué se va a publicar

Viene ahora determinar el tipo de publicación que se va a utilizar. Cuando lo ha elegido, basado en lo antes descrito se prepara y se mantiene, se puede hacer amparado en el calendario de publicaciones y dado que hay tanta variedad entonces se eligen diversos tipos de contenido, así la red se mantiene dinámica e interactiva.

Preparar el copy para las publicaciones

Ahora que se sabe el tipo de formato y la publicación que se va a utilizar, se tiene que redactar el contenido.

Al momento de hacer el copy para las redes sociales, es clave saber a qué personas se dirige.

En función de ello se debe determinar el tipo de contenido y los emojis que se pondrán.

Sin importar el copy que se use tiene que ser muy atractivo, que el nicho al que va dirigido se sienta cautivado por ese contenido que se le está ofreciendo. Que provoque leerlo o verlo, es generar una sensación en el público, atraerlo, cautivarlo y finalmente convencerlo sobre nuestro objetivo.

Seleccionar los hastags que se van a usar

Esto es decisión, si se van a usar hashtags en las publicaciones, dependiendo de la red social de la que se esté hablando, los hashtags tienen usos particulares, así que se tienen que determinar cuántos y cuáles van a usar en la publicación.

La propia marca puede generar unos, así cada publicación siempre estará encadenada a ese hashtags y llegará al público y podrá enlazarse con el tipo de publicación y si alguien está interesado en conocer más acerca de la marca solo con darle clic podrá conocer toda la información que se ha publicado a través del tiempo.

Cuándo se va a publicar

Se debe establecer cuánto y cuándo se va a publicar. Esto se define con el calendario, recordando que cada publicación debe tener una meta y no solamente llenar el espacio.

El momento en el que se publique tiene que tener premeditado la espera de reacciones además de likes, comentarios y respuesta a lo que se ha publicado para un objetivo en específico.

Finalmente, cómo ha funcionado el contenido

Un error común es montar el contenido y luego no medir el alcance, el engagement, ni si se han alcanzado los objetivos. Se tiene que conocer el rendimiento de las publicaciones.

Cada que se monta cualquier contenido hay que ver si este causó el impacto que se esperaba si es mejor o peor y evaluar qué ha gustado y que no y hacer mejoras, para en las próximas publicaciones hacer los ajustes y cada vez tener publicaciones con más impacto.

Crear contenido que funcione mejor que cualquier otro que esté circulando

Hay que pensar en grande y generar contenido que funcione y sea mejor que otro al que esté circulando en ese momento y pertenezca a la competencia.

Si se genera contenido original y que rompa los estereotipos va a ser mejor que cualquier otro que circule en ese momento.

Crear contenido potente

Para crear contenido potente hay que centrarse en ideales básicos:

Contenido de relevancia

Las noticias del momento en el rubro en el que se trabaje son una buena opción, se pueden tomar y reescribirse bajo el prisma propio de la marca. Se hace un post que no sea muy largo. No siempre se tiene que empezar desde la nada o inventar la rueda, si hay una historia interesante y actual la gente conectará con ella.

Consistencia

Cuando se es consistente con las publicaciones y el contenido, la audiencia sabrá qué esperar y cuándo hacerlo. La gran estrategia es publicar contenido en días específicos de la semana y a horas similares.

Se pueden hacer hashtags semanales que la comunidad busque y comparta, es algo que se da muy bien en redes como Instagram, Twitter y Pinterest. Se pueden poner consejos, trucos, e información día a día. Hay que hacerlo con creatividad, diversión, descarado y creativo, pero sobre todo siendo consistente.

Engagement

El trabajo es el de estimular el deseo y que actúe la audiencia, la estrategia que se use determina los objetivos y la creatividad.

Las imágenes y videos son uno de los mejores recursos para conseguir engagement instantáneo y es una gran oportunidad para el público y para compartir en el círculo de amigos.

Se puede dar valor, ofrecer cosas, crear promociones o alcanzar una interacción, a cambio la audiencia responde.

Hay que asegurarse de compartir contenido único en cada plataforma de Social Media, no todo lo que se sube a Facebook debe estar en Twitter y viceversa.

Credibilidad

Entre más cohesivo se sea mejor será el enfoque, más credibilidad se logra. Una manera de hacerlo es dando consejos, recomendando, suministrando información sobre la industria, incluyendo a la competencia, hay que hablar de los eventos, de lo que pasa en la comunidad, dar análisis e información de valor, pero todo sin olvidarse de dar información real de la marca.

4

SOCIAL MEDIA Y COMUNICACIÓN

El contenido es esencial

El usuario es quien tiene la corona y por ello hay que darle contenido de alto valor, así este decide conectar, leer y comprar.

El contenido es un recurso muy importante para una marca, es el valor agregado y distingue a una marca de otra.

La calidad de la información influye en la credibilidad de la marca, porque cuando se visita a un profesional o a una empresa y se conversa con la persona, se conocen sus productos, los servicios, la rama a la que se dedica, las dudas y la velocidad de acción.

Hay que conocer qué transmite, cuando una persona entra en una página web de una empresa pero no tiene contenido interesante, esto puede afectar a la reputación de la marca.

Actualmente los medios de comunicación masiva, tiene en los mensajes un gran peso para el desarrollo social, económico, político religioso y cultural.

Actualmente gracias a la influencia y el potencial de los dispositivos y redes sociales, se puede ampliar y viralizar cualquier información a cualquier hora y lugar, para que la información llegue a cada rincón del mundo.

Determinar si el contenido genera valor

Al momento de crear contenido y filtrar, es importante que todo el contenido que se da, aporte valor a la vida del usuario, por ello es importante generar estas inquietudes:

- ¿Es segura la fuente de información y es confiable?
- ¿Hay suficiente información para ofrecer un contenido completo a los seguidores?
- ¿La información se redacta de manera fácil para que los usuarios la entiendan?

- ¿Se da suficiente información que ayude a entender o aclarar dudas?

Entiende la comunicación como un diálogo, no como un monólogo

La comunicación lo dice la misma palabra, es hablar, conectarse, no es decir un largo discurso. Todo lo que se comunique tendrá respuestas positivas y negativas. Felicitaciones, críticas, contenido que se comparta. Si se tiene previsto, se puede plantear el mensaje como el inicio para intercambiar, demostrar apertura y preparar respuestas para mandarlas a la red mientras se reciben feedbacks.

Céntrate en las redes sociales donde está tu audiencia

Como se dijo antes, no es la idea de estar en todas las redes sociales, sino en las redes donde la audiencia está centrada, así se le dedica más tiempo y se le aporta valor. Hay que averiguar los lugares por donde se mueve en internet y las redes sociales.

Hay que hacer una selección y asegurarse de enviar los mensajes de comunicación con estrategia para esos medios. Hacerlo con la asiduidad que se haya planeado en el calendario.

Contenido fácil de compartir

El contenido tiene que ser fácil de compartir, los textos tienen que ser simples y con estadísticas, material visual, esquemas, tablas y todo lo que pueda generar comunicación estratégica.

En muchas ocasiones se ha visto contenido de una marca que provoca compartirlo de inmediato porque genera una emoción en nosotros, un ejemplo, la publicidad en video de Coca Cola, ellos desde siempre han causado una emoción, en internet circulan muchos videos que la gente comparte y viraliza.

Si se da una vuelta por YouTube hay muchas publicidades de la cerveza Heineken que es llena de humor, los mismos usuarios han hecho compilaciones de ella y otras.

Ese es el tipo de contenido al que debe apuntar una marca, que provoque compartirlo y que sea fácil para el usuario hacerlo.

Personaliza, busca el tono adecuado y trabaja por encontrar tu voz

Se tiene que trabajar personalizando el estilo, con un tono adecuado y con una voz original, no hay que imitar a la competencia, sino buscar la esencia de la propuesta e intentar transmitirla con fidelidad en todas las intervenciones.

La competencia tiene que ser inspiración, porque al final del día se recurre a explotar emociones, pero esto es como con la literatura, se puede contar la misma historia en mil versiones diferentes, las novelas de amor son la misma historia, pero se cuenta distinto, así es con la publicidad. Se dice la misma historia de muchas formas. Por eso la competencia es solo un modo de inspirarse para luego con la personalidad de la marca crear el propio contenido, nada de copias, eso lo nota el usuario y le resta mucha ética al negocio.

Filtra, agrupa y selecciona la información que te llega procedente de otras fuentes

Se debe hacer un trabajo de orfebre con las herramientas para procesar lo que llega de otras fuentes, una recomendación es que se usen herramientas como Feedly, es bastante simple de usar y se puede combinar con otras herramientas para lograr mejores resultados.

5

CONSEJOS ESPECIALES PARA SOCIAL MEDIA

*D*iseña una estrategia enfocada a la conversión final

Hay muchas maneras de hacer una estrategia de marketing digital, cuando se navega por la red a lo mejor resulta abrumador ir de un lado a otro buscando información múltiple que puede hasta contradecirse. Un emprendedor que va empezando necesita con más premura de las redes sociales para darse a conocer.

Establecer metas medibles

En el marketing es posible definir el objetivo que se emplea cuando comienza una estrategia. Para los negocios que nacen algunos de los objetivos son:

Generar conciencia de marca: es lograr que más personas conozcan la marca y que lo que ofrece sea más conocido.

Generar leads: es llegar a personas que nunca antes han comprado y hacerlas ir por ese camino de concretar una compra.

Crecimiento de compradores: Es lograr que los clientes se fidelicen y compren con más frecuencia.

Lo ideal para definir estos objetivos es que se especifique una métrica para cada estrategia, por ejemplo:

- Tal cantidad de leads en 6 semanas.
- Un porcentaje determinado de un producto nuevo en seis meses.
- Un porcentaje de seguidores en redes luego de un par de meses.

Conocer a la audiencia

Ya sea que se haga para generar leads, ganar clientes o conciencia de marca, la manera más fácil de hacer esto es construir lo que se llama "buyer persona" esto consiste en describir grupos de compradores potenciales y clasificarlos en relevancia de importancia, se tienen que seguir estos pasos:

- Hay que pensar en quiénes son los clientes y agruparlos en grupos.
- Hay que tomar grupos y crear personas que describa cada uno de ellos.
- Hay que asignar un nombre, actividades y una personalidad.

Luego de haber logrado todo esto ya se cuenta con una idea bastante clara de lo que se quiere abordar en internet, hay que preguntarse cosas como:

- ¿Cuál es la información demográfica que se tiene?
- ¿Cuál es el empleo que tiene y desde hace cuánto tiempo lo tiene?
- ¿Cómo es un día de su vida?
- ¿Tiene puntos débiles? ¿Cuáles son? ¿Qué ayuda a resolverles?
- ¿A qué le tienen más valor? ¿Cuáles son sus objetivos?
- ¿A dónde van para conseguir información?
- ¿Cuáles son las objeciones comunes de ese producto o servicio que tienen?

Este es un ejemplo:

Deportes Inbound es un negocio que transmite los

beneficios de hacer deportes y mantenerse en forma, ellos tienen tres grupos que quieren abarcar:

- En el primer grupo a personas que no han hecho nunca deporte.
- El segundo grupo es para personas que conocen y hacen vida deportiva pero quieren introducirse más en esta práctica y desean participar en todos los eventos que hacen.
- El último grupo es para empresas que quieren mejorar la calidad física de sus empleados por medio del deporte.

Se debe definir la propuesta de valor

Hay que definir al comprador, las personas que darán el paso por cada grupo. Cada uno debe responder a las siguientes preguntas:

¿Qué problema resuelve el negocio? Visto desde la perspectiva del comprador, la idea es definir qué necesidad puntual tiene y lo que se hace para resolver, ahí se ve la propuesta de valor.

¿Cuáles son los beneficios distintivos que ofrece el negocio? Se deben definir unos cinco beneficios que tiene el comprador cuando escoge los productos o los servicios, en vez de ir con el competidor.

¿Cuál es la propuesta de valor? Esta es una gran pregunta y une a las anteriores, plantea la necesidad y aquello que hace única a la marca y a la forma de resolverla.

Este es un ejemplo:

Patisendero es un negocio que busca ofrecer carreras guiadas en patines para las personas locales y turistas que no conocen a fondo la ciudad.

El público objetivo que tienen son los usuarios que gustan de los patines y que quieren recorrer la ciudad con esta empresa, viviendo una experiencia distinta.

La necesidad: alquilar patines y ser guías para que conozcan el nivel medio y los alrededores de la ciudad.

Beneficios de Patisendero: son patines de alta gama y una guía altamente entrenada para recorrer los mejores senderos de la ciudad.

Propuesta de valor: Recorridos únicos alrededor de la ciudad por los mejores pasajes para patinadores de alto nivel.

Analizar la competencia

La competencia no solo es la que ofrece el mismo producto o servicio, en el marketing hay dos tipos de competencias:

Los competidores directos: son los que ofrecen lo mismo que ofrece la marca, sea producto o servicio.

Los competidores indirectos son los que ofrecen diferentes productos o servicios pero compiten con el mismo espacio o presupuesto que ofrece nuestra marca.

En cualquier caso, el análisis de la competencia implica que se hagan actividades como el hacerle una visita a la competencia para analizar los costos, el tráfico de los clientes, su perfil, la reputación, la antigüedad y satisfacción, la cantidad de empleado, la presencia de los dueños y todo lo que sea necesario para conocerlos mejor.

Hay que enfocarse en el análisis de la competencia a nivel digital, esto es útil para determinar cómo es un sitio web y las redes sociales, igualmente se tienen que analizar los líderes del mercado de acuerdo a lo que ofrecen y su perfil, finalmente hay que ver si valdrá la pena ver las fortalezas y debilidades.

El análisis de la competencia es un paso intuitivo y esencial para descifrar a la competencia y tener una visión clara de lo que necesitan ofrecer y lo que está en boga.

Este es un ejemplo:

Se pueden tomar cinco competidores y se plantean las preguntas allí colocadas para cada uno, así se tendrá una idea para afinar mejor el marketing digital.

Prepararse para medir resultados

Cuando se hace una estrategia de marketing digital es clave que se pregunte si los resultados que se esperan conseguir pueden ser medidos. Esto permite que se haga seguimiento y se ajusten en pro de lograr buenos resultados.

Corresponde que se mida si los objetivos que se hicieron en una estrategia se están cumpliendo o no.

Este es un ejemplo:

Alejandro hacer panes desde que tiene memoria, la abuela le enseñó el arte desde que era muy pequeño, Alejandro trazó la meta de tener un sitio web donde la gente se sintiera atraída y buscara conocer los trucos para hacer los mejores panes en un corto periodo de tiempo y así lograr ser reconocido.

Construye tu comunidad

El construir una comunidad en redes sociales es esencial para lograr el éxito. No se logra solo estando presente y activo en las plataformas, sino por medio de la creación de una comunidad alrededor de la marca.

El gran objetivo es lograr presencia en las redes sociales, construir una relación que sea de confianza con el público y los seguidores.

Para poder fortalecer la conexión con la audiencia se tiene que lograr un enlace donde se alcance fortaleza con los clientes y para poderlo lograr es necesario que se tomen en cuenta estos consejos:

Escuchar al público objetivo

Hay que escuchar al público objetivo, es como se haría en el mundo offline, donde se consiente a los clientes, en este caso se hace pero online. Se escucha lo que dicen, este es un factor importante para mejorar la comunicación a dos vías:

Emisor – Receptor, Empresa – Público.

Cuando se hace se pueden hacer los ajustes necesarios para llegar con mejores mensajes a ellos, para ofrecerles información de alto valor y también para al final alcanzar conversiones o seguidores, este es nuestro objetivo final. Se les consiente a cambio de resultados.

Crear una estrategia de contenidos

Ya se sabe en líneas generales lo que le gusta a una comunidad, lo que quiere conocer, oír, basado en eso se crean estrategias de contenido que el público quiere leer y compartir con otros.

La estrategia de contenidos siempre debe variar, por eso un Social Media puede crear campañas, promociones, ofertas por fechas específicas del año, todo lo que considere para mantener esas redes activas constantemente y aumentar las posibilidades de generar ganancias y triunfos.

Buscar y participar en las conversaciones

Ahora que se está produciendo contenido de calidad y la comunidad en redes sociales lo comparte y disfruta, entonces es el momento de interactuar, conversar y responder a todos los comentarios que hagan las personas, estos se sentirán valorados por la marca y logrará tener una mejor fidelización.

Por lo general los usuarios preguntan precios, tamaños, quieren aclarar dudas, es en estos momentos donde se interactúa con ellos se debe adoptar un tipo de lenguaje, no es hablarle de un modo hoy y de otro mañana, esto le resta seriedad a la marca, pero hacerlo desde una personalidad fija le da prestigio, además el cliente que conoce la marca ya sabe el tipo de respuesta que va a recibir.

Monitorear las actividades

Cuando se ha formado la comunidad en redes sociales alrededor de la marca se ha dado un gran paso, pero el trabajo no ha terminado, ahora es que faltan algunos pasos importantes.

Hay que monitorear las actividades, desde que se publica ver cómo va el proceso, cómo es el impacto, a qué hora se da más interacción, comentarios, preguntas. Esas son las horas buenas para publicar y atender a los usuarios.

Monitorear es un momento de alto valor para la marca, es parte de garantizar buenos resultados.

Plan de gestión de comunidad en redes sociales

Es escuchar al público, compartir contenido de valor y con mucha calidad, participar activamente en las conversaciones y hacer crecer la comunidad alrededor de la empresa o marca.

Las redes sociales ofrecen ahora encuestas donde el usuario puede actuar, responder sí o no, elegir opciones, y regalar diversos comentarios, esto es oro puro para quienes quieren saber cómo piensa la audiencia, porque le da información de altísimo valor para luego usarlo en las campañas. Hay que aprovecharlo al máximo.

Segmenta bien a tu audiencia

La audiencia hay que segmentarla, no se puede ir por todos, la audiencia objetivo es el público o personas a las que se dirige para lograr el máximo posicionamiento. Hay que tener en cuenta una serie de factores que afectan a ese grupo de personas, lo único que tienen en común esas personas es el interés por el contenido, los productos y servicios.

La segmentación de la audiencia tiene poder en el marketing digital, tiene un rol muy importante en el proceso para entenderla mejor. Si bien esta estrategia de segmentación permite que se personalicen mejor los contenidos que se quieren dirigir al público específico. Entre más se segmente el público mejor será la estrategia de venta. En base a esto, se puede decir que hay una infinita cantidad de segmentos. Hay varios tipos de segmentación que son las que se usan siempre:

Demográfica

La segmentación demográfica es de los más simples tipos de segmentación y de los más usados. Quienes están en este medio lo usan para llegar al público adecuado en el uso de los productos, la segmentación por lo general divide al público en función de las variables: edad, género, ingresos, ocupación, religión, raza, nacionalidad, etc.

Origen o fuente de adquisición

La fuente de adquisición de tráfico a los canales se ha convertido en una herramienta de alto valor cuando se habla de querer entender a la audiencia.

Es por medio de la cual un usuario encuentra un sitio web, esta información permite que los expertos en marketing sepan cómo las audiencias objetivo se conectan con el contenido creado.

Hay varias fuentes de tráfico, esta categoría se puede dividir en otras categorías tales como parámetros de campaña, email marketing, anuncios de display y tráfico directo.

Comportamiento

Este es un tipo de segmentación que divide a la audiencia en función de su comportamiento, estilo de vida, tendencias en la toma de decisiones, un ejemplo: los nadadores tienden a usar muchos equipos y productos para asearse antes y después de entrar a la piscina, versus los que no son nadadores. El marketing de marca se ajusta a temporadas del año, como Navidad, cuando los consumidores gastan más.

Resultados

Es un tipo de segmentación que ofrece mucho valor a las marcas, puesto que les permite analizar los resultados alcanzados por sus actividades de marketing.

La segmentación se divide por diversas calificaciones de los clientes para comprender mejor los niveles de satisfacción con el contenido producto.

La información luego es usada por el Social Media para crear mensajes más personalizados que sean aún más relevantes en cada segmento.

La segmentación de mercado se basa en resultados y

se enfoca en oportunidades reales para ganarle a la competencia.

Conocer los diversos tipos de audiencia que componen la audiencia objetivo, ofrece un camino a los esfuerzos del marketing. Lo que se quiera posicionar está alineado con los intereses del público de una manera orgánica y estratégicamente efectiva.

Apóyate en la publicidad online

La publicidad online es un sector en permanente cambio, los buscadores modifican sus algoritmos constantemente y las tendencias de los mercados se mueven, así como los gustos de los usuarios, salen nuevas tecnologías, todo cambia siempre. Esta es una publicidad que siempre es novedosa.

Tienen una serie de factores que hacen imposible poderse mantener inmóvil y hacer las cosas de la misma manera, en la publicidad digital es estar a la vanguardia y construir mejores estrategias, esto requiere de formación constante y desarrollo de acciones en base a experimentos y pruebas testados en la vida real. Es la única forma para poder conseguir campañas de publicidad en internet más atractivas para el negocio.

No te olvides de la medición y el análisis

La medición y el análisis no se deben olvidar nunca, es de las funciones más importantes que hacen los que se dedican al Social Media. Se trata de medir la actividad que se lleva a cabo, conocer el alcance de las acciones, saber si lo que se está haciendo funciona o no y darle el valor de presencia en redes sociales, esto es parte vital del trabajo.

El retorno de inversión es la relación entre los costos del plan de acción y los beneficios. En el modelo tradicional se verían los efectos positivos como ver páginas vistas o visitas, quiénes entraron recurrentemente, las conversiones, las ventas.

Para el Social Media es más adecuado medirlo en términos de alcance, engagement, y sentimiento que se dan en las redes sociales. Es así porque en estos entornos el objetivo es crear una comunidad fuerte, poderle dar visibilidad a la marca y buen servicio al cliente, además por supuesto generar ventas.

Para recabar datos de lo que se hace en redes sociales, se pueden usar herramientas como Hootsuite, SocialMention, estadísticas que da Facebook, Buffer, Google Analytics, Custom Social Media Reports, entre otras, estas muestran los datos y después se puede valorar para seguir avanzando.

Dependiendo de los resultados que arroje y el análisis que se haga, se puede tomar una decisión fundamentada, se puede ajustar el presupuesto en caso de que sea necesario y se sabrá si es necesario cambiar algún punto de la estrategia inicial.

CONCLUSIÓN

Cuando se habla del Social Media como estrategia de marketing, se habla del entorno en el marketing digital y se refiere a las estrategias que se hacen para lograr el éxito en las redes sociales.

Para poder establecer la relación que se puede crear entre el marketing y el Social Media es poder conocerlos a ambos como acabamos de recorrerlo en este contenido.

Desde hace muchos años se ha hablado de marketing, se abrazaba en el término mercadotecnia, y hacía las tareas para aumentar el comercio y cubrir la demanda.

Pero los tiempos cambian y esto pasó a ser Social Media, que hace referencia a quienes ejercen las labores necesarias para poder colocarse en los primeros lugares de venta, por medio de estrategias para generar tráfico, dar a conocer la marca, ganar más usuarios y por supuesto obtener más ventas.

El Social Media tiene una gran importancia como estratega, Han evolucionado a lo largo de estos años y se ha desarrollado una red entrelazada en la que las prácticas para aumentar los negocios se ha introducido en las plataformas online.

En estas los contenidos no son solo de los usuarios, sino de particulares que quieren comunicarse, de marcas y empresas que han encontrado interesantes comunidades para venderles el producto.

Llegados a este punto se dispone a aprovechar las oportunidades que representan a las redes sociales para los negocios. Hay que aplicar con eficacia y analizar las redes sociales, no olvidando que cada una de ellas tiene sus propias características y son fuertes en determinados aspectos, cada una usa su propio lenguaje y tiene en cuenta cuáles son los objetivos del emprendimiento.

Si se quiere conseguir visibilidad, ser notorio, ganar reputación, hacer negocios, se deben seleccionar las adecuadas y establecer las pautas de publicación, la periodicidad, el contenido, la forma, todo lo que influye en el mensaje final.

Lo que sucede en el marketing se tiene que evaluar constantemente para confirmar el logro de los objetivos y en caso de necesitar ajustes hacerlos a tiempo para poder alcanzar las metas.

Se trata de un trabajo que de seguro dará buenos resultados si se hace correctamente.

Actualmente gran parte de la comunicación es por medio de Social Media, es por esto que el gran poder que tiene, se puede aprovechar para generar un impacto en las marcas y llegar al consumidor final.

Sabiendo todo esto, solo queda hacerse Social Media o contar con uno en la empresa, para que los objetivos que se tengan planeados los lleve él y logre alcanzar las metas trazadas y aumentar considerablemente las conversiones.